한국어로 공부하는
캄보디아어 속담집

រៀនសុភាសិតខ្មែរតាមភាសាកូរ៉េ
Khmer proverb in Korean studies

편찬 및 개정 아시안허브
ប្រមូលផ្ដុំ និង ពិនិត្យឡើងវិញ ដោយ អាស៊ានហាប់
Compiled and revised by ASIANHUB

한국어로 공부하는 캄보디아어 속담집

 រៀនសុភាសិតខ្មែរតាមភាសាកូរ៉េ

리은 소피어썻크마에 땀 피어싸꼬레

Khmer proverb in Korean studies

2015년 6월 30일 1판 1쇄 발행

편저자 | 찬소포안
편집 | 홍유경, 남지은, 박지현
발행 | 최진희
펴낸곳 | ㈜아시안허브
등록 | 제2014-3호(2014년 1월 13일)
주소 | 서울시 관악구 신림동 1523 일성트루엘 501호

[교재주문 및 학습문의]

전화 | 070-8676-3028, 070-8676-4585
홈페이지 | http://asianhub.kr, http://cafe.naver.com/cambodialab
이메일 | asianhub@naver.com

값 10000원

03790

9 791195 207695
ISBN 979-11-952076-9-5

머리말

안녕하세요, 다문화전문 사회적기업 아시안허브와 비영리민간단체 아시아언어문화연구소를 운영하고 있는 최진희라고 합니다.

아시안허브는 아시안허브평생교육원을 운영하면서 다문화전문 강사들과 함께 아시아의 다양한 언어를 보급하면서 그 나라 문화와 관습을 함께 소개하고자 노력하고 있습니다.

이 책은 한국에서 캄보디아어를 공부하는 사람들에게 캄보디아 문화나 관습을 보다 자세히 전달하고자 찬소포안 캄보디아 연구원을 중심으로 구성하게 되었습니다.

속담을 보면 그 민족성을 알 수가 있습니다. 한국 속담과 일맥상통하는 속담도 많이 발견할 수 있는데요. 다양한 문화, 다양한 언어도 공통된 인간의 사고 속에서 출발한다는 것을 볼 수 있습니다.

이 책을 통해 캄보디아 사람, 캄보디아 언어와 조금 더 가까워질 수 있기를 바랍니다.
이 책의 수익금 전액은 캄보디아다문화가정 교육복지에 사용됩니다.

㈜아시안허브 대표이사 최진희 씀

CONTENTS

01

1장

윤리와 종교
សីលធម៌ និង សាសនា
썰로토아 능 싸쓰나
Morals and Religion

| 윤리 | **សីលធម៌**
썰로토아 | Morals |
| 종교 | **សាសនា**
싸쓰나 | Religion |

01 *부처를 버리고 우상을 숭배하는 것은 궁전을 버리고 수풀로 뒤덮인 무덤에서 사는 것이요, 현자의 말을 무시하고 무지를 따르는 것이다.

បង់ព្រះទៅសំពះងបាយាប

벙쁘레아ᇹ 떠으 썸뻬아ᇹ 아에 바얍

បង់មហាប្រាសាទទៅនៅងព្រៃស្មសាន

벙모하쁘라쌋 떠으 너으 아에 쁘레이 쓰머싼

បង់ពាក្យសមណាប្រាហ្មណ៍ទៅយកងពាក្យពាល

벙삐억써마낙쁘리음 떠으 요윽 아에 삐억 삐을.

Renounce Buddha and adore an idol; abandon a palace and live in a forest overgrown mausoleum; reject a wise man's word and believe in ignorance.

02 목구멍이 있는 한 좋은 일을 해라.

ធ្វើបុណ្យទាន់បំពង់កណ្ឌ.

트워본 또안 범뽕꺼 초어

Accomplish good deeds as long as the throat stands.

---

*표는 젊은 세대가 거의 알지 못하는 오래된 격언

*This asterisk marks older sayings, which are hardly known by the younger generations.

03 수백 척의 배에 실을 만큼 선행을 많이 해도,
단 한 번의 실수가 모든 것을 망치고 모든 것을 잃게 한다.

ធ្វើគុណម្ដួយរយសំពៅ ទោសម្ដួយចូលទៅ រលាយបាត់បង់

트워꾼 모이러이 썸뻐으 또ㅎ모이 쫄떠으 으롤리어이 밧벙.

You accumulate enough merits to load hundred junks,
but a single mistake comes along,
and everything is dissolved, ruined, lost.

04 *윤리는 다리고 보시는 음식이다.

សីលជាស្ពាន ទានជាស្បៀង

썰 찌어쓰뻐은 띠은 찌어쓰비응.

Morals are the bridge, alms are the food.

05 당신의 국이 너무 짜지 않기를, 당신의 앉은 자리가 낮기를, 당신의
영혼이 현명하기를, 당신의 말이 고상하기를.

ស្ងួរសាប អង្គុយឱ្យទាប ប្រាជ្ញាឱ្យង់ សម្ដីឱ្យខ្ពស់

쓸러 아오이 싸압 엉꾸이 아오이 띠읍 쁘라냐 아오이 웨이 썸다이 아오이 크뿌어ㅎ.

May your soup be not too salty, may your seat be low, may your spirit be clever, may
your speech be elevated.

---

*표는 젊은 세대가 거의 알지 못하는 오래된 격언

*This asterisk marks older sayings, which are hardly known by the younger generations.

병들었을 때는 코끼리를 바치겠다고 약속하지만,
나은 후에는 계란뿐이다.

 កាលដែលឈឺធ្ងន់ យកដំរីទៅបន់ ដល់ជំងឺស្រន់ យកពងមាន់ទៅថ្វាយ

깔다엘 츠으릉운 요윽 덤라이 떠으 버언 덜 쭘응으쓰런 요윽 뽀응모안 떠으 트와이.

You are seriously ill and you promise to offer an elephant;
as soon as you recover, it's only an egg.

 멀리 돌아가는 길을 택했다고 포기하지 마라.
바로 가는 길을 택하지 마라. 조상들이 지나간 길을 택하라.

ផ្លូវវៀចកុំបោះបង់ ផ្លូវត្រង់កុំដើរហោង ដើរដោយដានគន្លង
ដម្រាយអ្នកចាស់បុរាណ

플러으위웆 꼼버ㅎ벙 플러으뜨렁 꼼다으허엉 다으다오이 단꼰로옹 덤라이 네악짜ㅎ보란.

Do not give up on taking the indirect road; do not take the direct one; take the road
tracked by your ancestors.

 돌아가는 길이라고 포기하지 마라.
바로 가는 길이라 해도 가봐야 안다.

ផ្លូវវៀចកុំបោះបង់ ផ្លូវត្រង់ឲ្យដើរផង

플러으위웆 꼼버ㅎ벙 플러으뜨렁 아오이다으퍼엉.

Do not give up on the indirect roads; direct roads, you should also take.

09 *고기를 먹는 사람에게는 자비심이 없고,
술을 많이 마시는 사람의 말에는 진실이 없다.

ស៊ីសាច់ដាច់មេត្តា សេពសុរាគ្មានពាក្យទៀង

씨 쌋 닻메따 쎕 쏘라 크미은 삐억띠웅.

The flesh eater lacks compassion; the heavy drinker's speech lacks truthfulness.

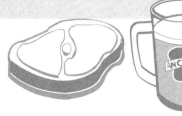

10 절에서는 계율이 따르고, 사람한테서는 감정을 따른다.

បួសដោយវត្ត ចិត្តដោយខ្លួន

부어ㅎ 다오이왓 쩟 다오이클루언.

Ordination following the pagoda; feelings following one's self.

11 좋은 것을 열망하면 불운을 얻는다.
(이득을 갈망하면 불행도 함께 온다.)

ចង់បានបុណ្យ បានបាប

쩡반 본 반 바압.

You aspire to the good and obtain misfortune.

---

*표는 젊은 세대가 거의 알지 못하는 오래된 격언

*This asterisk marks older sayings, which are hardly known by the younger generations.

12 수도승들은 (이 세상에) 세 종류의 광기가 있다고 말한다.
1) 여자　2) 술　3) 도박

លោកថាឆ្កួតបី ១ឆ្កួតនឹងស្រី ២ឆ្កួតនឹងស្រា ៣ឆ្កួតនឹងល្បែង

록타 츠꾸엇 바이 모이 츠꾸엇 능 싸라이 삐 츠꾸엇 능 쓰라 바이 츠꾸엇 능 르바엥.

The monks say there are three insanities:
1) With women, 2) With alcohol, 3) With gambling

13 해탈의 경지에 도달하기 위해서는 영혼을 단련시켜야만 하고,
어두운 곳에 들어가기 전에는 등불을 찾아야 한다.

ចង់ទៅនិព្វាន ត្រូវហាត់ចិត្ត បើចង់ទៅទីងងឹត ត្រូវរកប្រទីប

쩡 떠으 늡비은 뜨러으 핫 쩠 바으 쩡 떠으 띠응응웃 뜨러으 록 쁘러띱.

In order to reach Nirvana, you must train your spirit;
before entering a dark place, youhave to look for a lantern.

14 행운을 가져오는 실을 내줘야 한다면,
후회 없이 내 줄 수 있어야 한다.

ឲ្យអំបោះ កុំឲ្យស្រណោះដៃ

아오이 엄버ㅎ 꼼 아오이 쓰러너ㅎ 다이.

May the hand that offers the luck bringing cotton thread give it without regret.

02

2장

교육과 지식
 អប់រំ និង ចំណេះដឹង
업룸 능 쩜네ㅎ덩
Education and Knowledge

교육	អប់រំ 업룸	Education
지식	ចំណេះដឹង 쩜네ㅎ덩	Knowledge

무지한 것을 부끄럽게 여긴다면 알게 될 것이고,
가난한 것을 부끄럽게 여긴다면 부자가 될 것이다.

ខ្មាស់ល្ងង់ទើបចេះ ខ្មាស់ក្រទើបមាន

크마ᇹ 릉웅 떠읍쩨ᇹ 크마ᇹ 끄러 떠읍미은.

If you feel shame at being ignorant, you will become educated; if you feel shame at being poor, you will become rich.

 배우고 싶으면 모르는 척 해라.

ចង់ចេះ ឲ្យធ្វើល្ងង់

쩡 쩨ᇹ 아오이 트월릉웅.

You want to learn, so pretend to be ignorant.

 스스로 무지하다는 것을 알고 있다면,
당신은 지혜로운 사람이다.

ដឹងថាខ្លួនល្ងង់ គង់នឹងមានប្រាជ្ញា

덩타 클루언 릉웅 꽁능미은 쁘랏냐.

If you know you are ignorant, you are full of wisdom.

04 배우고 싶다면 스승을 죽여라.
과일이 잘 자라기를 원하면, 나무 아래에 불을 놓아라.[1]

ចង់ចេះ ឱ្យសម្លាប់អាចារ្យ ចង់បានផ្លែផ្កា ឱ្យយកភ្លើងដុតគល់

쩡쩨ㅎ 아오이 썸랍 아짜 쩡반 플라에 프까 아오이 요욱 플렁 덧 꼴.

If you want to learn, kill the master; if you want the fruits,
burn the foot of the tree.

05 스롤라오 나무를 구부리지 마라.
매춘부를 교육 시키지 마라.[2]

កុំពាត់ស្រឡៅ កុំប្រដៅស្រីខូច

꼼 뽀앗 쓰럴라오 꼼 쁘러다오 쓰라이 코웃.

Don't bend srolao wood; don't educate a prostitute.

06 무식한 사람은 종종 배운 사람을 싫어한다.
못 배우고 가난한 사람은 잘 사는 사람을 싫어한다.

ខ្លៅងស្អប់ចេះ ឱ្យគត់គតចំណេះ ស្អប់អ្នកមានទ្រព្យ

클라오 렝 쓰업쩨ㅎ 크섯 엇 쩜네ㅎ 쓰업 네악미은 또로압.

The stupid often hate the educated; the poor without knowledge hate the well off.

---

1 캄보디아에서는 토양을 비옥하게 하기 위해 코코넛 나무 아래에 재를 뿌려놓곤 했다. 종종 식물이 스트레스를 받는 환경에서 과실의 생산량이 늘어나는 경향이 있는데, 이 때문에 나무아래 불을 놓기도 했다. 아드리엥 파네티에 박사는 문장의 첫 부분을 '만약 배우고 싶다면 스승의 관심을 얻어라'로 해석하는 것을 선호한다.

One used to put ashes at the foot of the coconut tree in order to fertilize the soil. Furthermore, some make a fire at the foot of the tree because of the fact that under stress plants tend to increase their fruit production. Concerning the first part of the sentence, Dr. Adrien Pannetier preferred to translate: If you want to learn, win the affection of your master.

재물을 가진 것은 좋은 일일 수 있다.
하지만 지식을 가진 것만 못하다.

មានទ្រព្យគាប់គ្រាន់បើ តែពុំស្មើនិងវិជ្ជា

미은 또로압 꼬압 끄로안바으 따에 뿜 쓰마으능 위찌어.

To possess wealth is good, but it is not worth more than possessing knowledge.

 빵은 바구니보다 크지 않다.

នំមិនធំជាងនាឡិ

눔 믄 톰 찌응 니얼.

A cake isn't bigger than the basket.

 가진 것이 없다. 이는 곧 지식이 없다.

ទ្រព្យតិច អប្បប្រាជ្ញា

또로압 떽 압 브랏냐.

Few possessions- little knowledge.

---

2 스롤라오: 나무껍질이 흰 큰 나무. 태양과 빛에 대한 내구성이 강해 배 건조용 목재로 유용하나 구부리기가 쉽지 않다.

Srolao (vteria cochinchinensis): An immense white-barked tree: its wood is resistant to sun and light, useful in boat construction but not easy to bend.

10 까뀌³ 를 들어 올릴 수 있는 것은 자루 때문이고,
아이가 버릇없는 것은 부모 때문이다.

ដឹងឆ្ងើយពីព្រោះដង កូនឆ្កួងពីព្រោះមេបា

덩으이 삐뿌루어ㅎ 덩 꼰 츠꼬응 삐뿌루어ㅎ 메바.

You can lift the hatchet through the handle; the child is badly brought up through the parents.

11 아직 몽둥이를 모르는 원숭이.

ស្វាមិនទាន់ស្គាល់ប្រនង់

쓰와 믄또안 쓰꼬알 쁘러누엉.

A monkey who does not yet know about the cudgel.

12 까마귀를 겁주려면 활을 들어라.

លើកស្នាកម្លាក្អែក

로옥 쓰나 껌라 끄아엑.

Lift a crossbow in order to intimidate the ravens.

3 ៨e(덩)은 괭이 모양 도끼의 일종인 까뀌를 의미함과 동시에 아는 것(사실)을 뜻하기도 한다. 더불어 (당)은 손잡이와 횟수의 두 가지 의미를 갖고 있다. 때문에 첫 번째 문장의 '사람은 경험을 통해서 배운다.'로 해석 할 수도 있다.

៨e(deung) means as well adz(kind of axe with the shape of a hoe) as to know (a fact): and (dang) has also two meanings: handle and number of times. This is why the fist part of the sentence can also be read as: One comes to learn through experience.

13 네 다리로 서 있는 코끼리라 할지라도 넘어질 수 있고 식견이 있는 학자도 잊어버릴 수 있다.

ដំរីជើងបួនគង់មានភ្លាត់ អ្នកប្រាជ្ញចេះស្ទាត់គង់មានភ្លេច

덤라이 쩌응부언 꽁미은플로앗 네악쁘라앛 쩨ㅎ쓰또앗 꽁미은 플렛.

An elephant on its four legs may stumble; even a knowledgeable scholar may be forgetful.

14 악어에게 수영을 가르치지 마라.

កុំបង្ខាត់ក្រពើឱ្យចេះហែលទឹក

꼼 벙핫 끄러뻐으 아오이 쩨ㅎ 하엘 뜩.

Don't try to teach crocodiles how to swim.

15 재능이 많은 사람도 예술작품을 망칠 수 있다.

ចេះច្រើន របេះក្លាច់

쩨ㅎ 쯔라은 으로베ㅎ 끄바잇.

Even those who are very talented may let a work of art fall down.

16 죽순은 대나무에서 자란다.

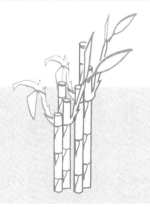

ទំពាំងស្នូងប្រុស្សី

뚬삐앙 쓰넝 으르싸이.

The bamboo shoot grows into a bamboo.

17

아무리 많은 것을 알아도
다른 사람들과 지식을 나누지 않는다면 멍청한 사람이다.

ចេះច្រើនមានចំណេះ មិនចែកគេចេះ ចាត់ទុកថាល្ងង់

쩨ㅎ 쯔라은 미은 쩜네ㅎ 믄짜엑 께 쩨ㅎ 짯똑탈릉웅.

No matter how well educated you are, not sharing your knowledge makes you a stupid person.

18

아는 것이 많지 않아도 그것을
다른 이들과 나누고자 한다면 현명한 사람이다.

ចេះតិចតួចក្ដី បង្រៀនអ្នកដ៏ទៃ ចាត់ទុកថាចេះ

쩨ㅎ 뗏뚜엊끄다이 벙리은 네악 더떠이 짯똑타 쩨ㅎ.

Despite having little knowledge,
sharing that knowledge with others makes you a well educated person.

19

배움을 통해 알고,
일하는 것을 통해 부자가 된다.

ចេះពីរៀន មានពីរក

쩨ㅎ 삐 으리은 미은 삐 으로윽.

You know from learning; you get rich from working.

20 지식은 어깨를 무겁게 한다.

ចំណេះដឹងកងង

쩜네ㅎ 찌ㅎ 꺼아엥

Your knowledge weighs heavy on your shoulders.

21 문자는 세 번째요, 숫자는 두 번째요, 말은 첫 번째이다.

អក្សរជាត្រី សំដីជាឯក លេខជាទោល

악써 찌어 뜨라이 썸다이 찌어 아엑 레익 찌어 똘.

Letter is third, word is first, and number is second.

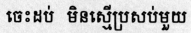

22 열 가지를 안다 해도,
하나를 실천하는 것만 못하다.

ចេះដប់ មិនស្មើប្រសប់មួយ

쩨ㅎ 덥 믄쓰마으 쁘러썹모이.

Ten knowing are not worth one practicing.

23 조금밖에 이해하지 못했다면 행동하기 전에 기다려라.
많이 이해했더라도 바로 행동하지 마라.

យល់តូចកុំអាលខំ យល់ធំកុំអាលស្រាយ

욜 또웇 꼼알컴 욜 톰 꼼알쓰라이.

If you understand little, wait before acting; even if you understand a lot, don't act immediately.

03

3장

인간 본성

ជាតិមនុស្ស
찌엇머누ㅎ
Human Nature

인간	មនុស្ស	
	머누ㅎ	
본성	ជាតិ	
	찌엇	

01 과학자는 발명에 의지하고, 코뿔소는 가시덤불을, 호랑이는 숲을, 코끼리는 정글을, 물고기는 물을, 싸움꾼은 싸움판을, 술꾼은 술잔에 의지한다.

ប្រាជ្ញអាងប្រាជ្ញ រមាសអាងបន្លា ខ្លាអាងព្រៃ ដំរីអាងរនាម ត្រីអាងទឹក ទាហានអាងសឹក ប្រមឹកអាងពែង

쁘라앚앙쁘라앚 으로미어ㅎ앙번라 클라앙쁘라이 덤라이앙로니음 뜨라이앙뜩 띠어히은앙썩 쁘러먹앙뼁.

The scientist relies on ingenuity; the rhinoceros on the thorn; the tiger on the forest; the elephant on the jungle; the fish on water; the fighter on the battle; the drinker on the glass.

02 바보는 밥을 긁어내기 위해 냄비에 구멍을 낸다.

មិះៗ កេះឆ្នាំងបាយធ្លុះ

머으ㅎ 머으ㅎ 께ㅎ츠낭바이틀루ㅎ.

A simpleton making a hole
in the pot when scraping out the rice.

03 쉬고 싶으면 넘어진 체하라.
작은 상처도 큰 부상으로 만들 수 있다.

ដេកផ្ងៀដួល រមួលផ្ងៀក្រេច

덱프썸두얼 으로무얼프썸끄렛.

You pretend to have fallen down in order to rest; out of a small wound you make a great injury.

04 잘못한 사람을 잡더라도, 그의 발뒤꿈치는 밟지 마라.

ដេញទាន់ កុំជាន់កែង

덴또안 꼼쪼안까엥.

If you catch him, don't step on his heels.

05 강둑에 다다르니 엉덩이를 내놓는다.
(유사 한국 속담 : 물에 빠진 놈 건져 놓으니 보따리 내놓으라 한다.)

ដល់ត្រើយ សើយគូថ.

덜뜨라으이 싸으이꾸웃.

Once transported onto the other bank, you show your bottom

06 (귀한) '로'⁴ 는 놓쳤고,
잡아 온 것은 피라미뿐이다.

រូចបាត់ថាត្រីរ៉ស់ បានទាំងអស់ថារនួត

으루엊밧타뜨라이러ㅎ 반떼앙어ㅎ타로누엇

Your catch escaped, so it was a fish ros; you make a catch and it is all small fry.

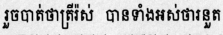

4 ត្រីរ៉ស់ '로' : 캄보디아에서 귀하게 여기는 민물고기

High appreciated river fish in Cambodia

07 그는 뱀으로 죽었고, 개구리로 살았다.

ស្លាប់ដួចពស់ រស់ដួចកង្កែប

쓸랍도읏뿌어ㅎ 으루어ㅎ도읏껑까엡.

He dies as a snake, he lived as a frog, Frosch.

08 많이 먹으면 많이 싸고, 도박을 자주하면 말다툼이 잦고,
잠을 많이 자면 게으름이 많다.

ស៊ីច្រើន ច្រើនជុះ លេងច្រើន ច្រើនឈ្លោះ ដេកច្រើន ច្រើនខ្ជិល

씨쯔라은 쯔라은쭈ㅎ 렝쯔라은 쯔라은츨루어ㅎ 덱쯔라은 쯔라은크쩔.

Plentiful eating , plentiful faeces; frequent gambling, frequent squabbling; lots of sleep, lots of sloth.

09 꼬꼬댁 하고 우는 암탉이 알을 낳은 닭이다.

មាន់ណាវាខុត មាន់នោះវាពង

모안나위어크떳 모안누ㅎ위어뽕.

The cackling hen is the one that has layed an egg.

10 부주의하면 잃게 되고, 주의하면 보존한다.

ប្រហែសវាបាត់ ប្រយ័ត្នវាគង់

쁘러하에ㅎ위어밧 쁘러얏위어꽁

Negligence leads to loss; attention preserves.

천둥을 좋아하면 비도 좋아지는 법이다.

ស្របតាមផ្គរ អរតាមភ្លៀង

써럽땀프꼬 어땀플리응.

Being keen of the thunder, fond of the rain.

12 사람들아, 사람들을 깔보지 마라.

មនុស្សកុំមើលងាយមនុស្ស

머누ㅎ꼼멀응이어이머누ㅎ

People, don't look down on people.

13 친구들에게 버림받은 사람을 친구 삼지 마라.

បែកមិត្ត កុំឲ្យយកជាមិត្ត

바엑멋 꼼아오이요윽찌어멋.

Rejected by his friends, don't take him as a friend.

14 도둑질은 손에 버릇을 들이는 것이요, 낮잠은 눈에 버릇을 들이며,
음주는 우는 버릇을 들이는 것이고, 바나나는 입에 버릇을 들이는 것이다.

ល្មូចគេធ្លាប់ដៃ ដេកថ្ងៃធ្លាប់ភ្នែក ផឹកស្រាធ្លាប់ស្រែក ស៊ីចេកធ្លាប់មាត់

루엊께틀로압다이 덱틍아이틀로압프넥 퍽쓰라틀로압쓰라엑 씨짹틀로압모앗.

Stealing gives habit to your hand, taking a nap gives habit to your eyes,
drinking gives Habit to your crying, and eating banana gives habit to your mouth.

먹지도 않은 고기 뼈를 당신의 목에 넣게 하지 마라.

សាច់មិនបានស៊ី កុំយកឆ្អឹងព្យួរក

싸앛믄반씨 꼼요윽츠엉쁘쭈어꺼.

You didn't eat the meat,
so don't let one put the bones on your neck.

16 모든 것이 괜찮은데 왜 프노[5] 의 수액을
겨드랑이에 짜 넣고 있는가?

ម្ដៅៗ ទៅយកជ័រញ្ញៅមកត្បៀតក្លៀក

모너으모너으 떠으요윽쪼아프너으목뜨비웃글리윽.

Everything was all right; why hold the gum of pnov and squeeze it under your armpit?

17 국물을 먹으면서 건더기를 쳐다본다.

ហុតទឹក សំឡឹងកាក

헛뜩 썸렁깍.

You take the water of the soup and look at the solid food.

5 ក្រួច 프노: 벨 열매. 골든 애플 혹은 벵갈 마르멜로라 불림. 약용 성분이 있는 감귤류의 과일로, 찐득찐득한 점성이 있어 풀로 사용하기
도 한다. 말린 과일은 맛 좋은 차로 이용된다.

ក្រួច (pnov; aegle marmelos): Bael, Golden Apple or Bengal Quince: a citrus fruit with medicinal virtue whose sticky gum is still used as glue. The dried fruit
also gives a delicious tea.

18 고기를 무시하고 뼈를 집었다가,
너무 딱딱한 것을 발견하고 다시 고기로 돌아간다.

ចោលសាច់ស្រវាឆ្អឹង ទំពារទៅវិញ បែររកសាច់វិញ

짜올싸앗쓰러와츠엉 뚬뻬어떠으렁 바에록싸앗웬.

You treat the meat with disdain and take the bone,
and then you find it too hard and return to the meat.

19 *착한 사람은 순진하다는 소리를 듣고, 온순한 사람은 멍청하다고 하며,
전문가는 성가시고, 학자들은 쓸데없이 떠들어댄다는 소릴 듣는다.

មនុស្សជា គេថាឆោត មនុស្សស្តួក គេថាល្ងង់ មនុស្សចេះ
គេថាកាច មនុស្សប្រាជ្ញ គេថាព្រើល

머누ㅎ찌어 께타차옷 머누ㅎ쓸로웃 께탈릉웅 머누ㅎ쩨ㅎ 께타까앗 머누ㅎ빠라앗 께타쁘럴.

The good are told to be naïve: the gentle to be stupid;
the expert to be nasty; the scholar to blather.

20 말을 너무 많이 하면 아무도 당신 말을 듣지 않게 되고,
당신의 능력은 사라진다.

និយាយច្រើន គេពុំស្តាប់អប្បប្រាជ្ញា

니예이쯔라은 께뿜쓰답압쁘랏냐.

When you speak too much, nobody listens to you and your faculties fade away.

---

*표는 젊은 세대가 거의 알지 못하는 오래된 격언

*This asterisk marks older sayings, which are hardly known by the younger generations.

귀신의 제사상에 놓인 쌀[6]이
조상의 제사상 위에 놓인 쌀을 비웃는다.

បាយសិង្ហ្សាដក៏ ហ៊ានប្រមាថកន្ឆោងធំ

바이썽키웃꺼 히은쁘러맡껀또옹톰.

The offering rice for the ghosts that sneers at the rice for the ancestors.

 부자여, 너를 감싸고 보호하는 옷처럼 가난한 사람을 돌보라.
학자여, 뒤따라오는 작은 배들을 돌보는 삼판선 7 처럼 무지한 이들을 돌보라.

អ្នកមានរក្សាខ្លួត ដូចសំពត់ព័ទ្ធពីក្រៅ អ្នកប្រាជ្ញរក្សាខ្លៅ
ដូចសំពៅពឹងសំប៉ាន

네악미은레악싸크섯 도읏썸뻣보앗비끄라오 네악빠랕렉사클라오 도읏섬뻐으쁭썸빤.

Rich, care for the poor as the cloth around you protects you;
scholars, look after the ignorant, as a junk looks after the sampans on which it relies.

프러혹[8]에 손을 담그고 겨드랑이에 손을 넣어라.

លុកប្រហុកឱ្យរហូតក់ក្លៀក

루윽쁘러혹 아오이 껍글리윽.

Once you dip the hand into the prahok, then dip it in up to the armpit.

---

6 보통 귀신 제사용에 쓰이는 쌀이 조상 제사용 쌀보다 싸다.

The rice for the ghost is generally cheaper than the one for the ancestors.

7 삼판선: 바닥이 평평한 중국 나무 배로, 갑판 위에 작은 대합실이 있는 경우가 있다. 낚시 용으로 사용되거나 강이나 해변 주변에서 운반하는 데 쓰인다.

Flat bottomed Chinese wooden boat, sometimes with a small shelter on board, used for fishing or transportation on inland waters or near the seacoasts.

8 프러혹: 썩는 냄새가 나는 발효된 생선 덩어리로 캄보디아 음식에 섞이면 맛이 좋다.

Dough of fermented fish with a pronounced smell of decay, yet delicious when mixed up in a Khmer dish.

24 죄를 지으면 입에서 악취가 난다.

បំណាច់នឹងបាបឱ្យឆ្អាបមាត់

범낮 능밥 아오이 츠압 모앗.

If you fall into sin, then let your mouth have the bad smell.

25 심술궂다면 존경 받을 것이고, 멍청하다면 동정 받을 것이다.

បើកាច ឱ្យគេកោត បើឆោត ឱ្យគេអាណិត

바으까앗 아오이께까옷 바으차옷 아오이께아늣

If you are nasty, be it so that one respects you;
if you are stupid, be it so that one feels compassion for you.

26 술을 마시려면 취할 때까지 마셔라.
취하지 않으면 술을 마실 이유가 무엇이겠는가?

បើផឹកស្រា ផឹកឱ្យស្រវឹង បើមិនស្រវឹង ផឹកធ្វើអ្វី

바으퍽쓰라 퍽아오이쓰러웡 바으믄쓰러웡 퍽트워아이.

If you drink alcohol, drink till you're drunk;
if you don't get drunk, why do you need to drink?

---

*표는 젊은 세대가 거의 알지 못하는 오래된 격언

*This asterisk marks older sayings, which are hardly known by the younger generations.

27 술을 마시면 언사가 대담해진다. [9]

ធឹកស្រា ក្លាសម្ដី

퍽쓰라 글라썸다이.

When you drink alcohol your words are audacious.

28 뜨거울 때는 숟가락을 쓰지만, 식으면 덥석 손으로 잡는다.

ក្ដៅរកជ័ក ត្រជាក់លួកនឹងដៃ

끄다오 록웩 뜨러찌억 룩능다이.

As long as it is hot, you use a spoon;
as soon as it is cooler, you plung the whole hand into it.

29 원숭이는 씹어대는 것을 포기하지 못 하듯이, 태국 사람들은 신조를 우겨대고, 베트남 사람들은 속이고, 진정한 캄보디아 사람은 진실을 이야기 한다. [10]

ស្វាមិនចោលប្រៀម សៀមមិនចោលក្បួន យួនមិនចោលពុត
ខ្មែរបរិសុទ្ធមិនចោលសច្ច:

쓰와믄짜올비음 씨음믄짜올끄부언 유언믄짜올뿟 크마에버리썼믄짜올싸짜ㄱ.

The monkey can't give up chewing, the Tahi insisting on doctrine,
the Vietnamese feigning, the true Khmer speaking the truth.

---

9 🐯 (끌라: 용감한) 대신에 파네티에 박사는 호랑이를 뜻하는 '클라' 라고 기록했다.
 (이 책 마지막 참조) 그렇게 되면 이 속담은 '술을 마시면 말 속에서 호랑이가 된다.' 라는 의미다.

Instead of 🐯 (kla: brave) A Pannetier (Cf, end of book) recorded (khla: tiger). The saying is then: when you drink alcohol, you are a tiger in your speech.

10 주변국과의 교류 확대로 이런 낡은 편견들은 점점 줄어들고 있다.

Thanks to increased cultural exchanges, those prejudices will reduce.

---

30 바늘 끝만한 일을 보면 쇠공이만큼 늘어놓는다.

សាប មួយដៃ ប្រៃ មួយចឹប

싸압 모이다이 쁘라이 모이쩝.

Is it tasteless? A full hand [of salt has been put in]. [Is it too] salty? There is only one pinch!

31 부드러운 속이 없는 호박은 있을 수 없고,
마음이 없는 진정한 인간은 있을 수 없다.

ត្រឡាចគ្មានបណ្ដូល មនុស្សទាំងមូលគ្មានចិត្ត

뜨럴랒꽁미은번도을 머누ㅎ떼앙무을꽁미은쩟.

There is no marrow without a soft middle, nor a genuine human being without a heart.

32 화는 파멸이며 낭비다. 절대 화내지 마라!
(오래 동안 버티려 모아둔 장작을 단 하루 만에 다 태워버리는 것과 같다.) [11]

ខឹងខ្លួច ខឹងខាត

컹코웃 컹카앗.

Anger is ruin; anger is waste. Never get angry!
(You could burn in one sole day all the wood that was collected to last a long time.)

----

11 맹자의 말, 공자의 제자

Saying from Mencius, a disciple of Confucius

12 **គោ** 여러 수소와 교배한 적이 있는 암소에게서 태어난 황소

An ox born from a cow that has had other issue from many different bulls.

----

*표는 젊은 세대가 거의 알지 못하는 오래된 격언

*This asterisk marks older sayings, which are hardly known by the younger generations.

33 *등을 대고 누워 제 가슴에 침을 뱉는다.

ដេកផ្ងារ ស្ពោះលើទ្រូងឯង

덱플아 쓰더ㅎ르뜨룽아엥.

Lying on one's back and spiting one ones own chest.

34 네 도끼를 칭찬하지 말고, 네 이웃을 칭찬하라.

គោងមិនអួត អ្នកតែគោគេ

꼬오아엥 믄우엇 우엇 따에꼬오께.

You are not praising your own ox, but you praise the one of your neighbor.

35 다루기 힘든 황소는 무리에서 빼고[12], 이혼당한 여자는 무리에서 빼며,
3명의 과외선생을 가진 학생도 무리에서 빼고, 버려진 개들은 무리에서 빼라.

ពូជគោជ្រលែង ពូជស្រីប្ដីលែង ពូជសិស្សគ្រូបី ពូជផ្ងេបង់ម្ចាស់

뿌웃꼬오쯔롤렝 뿌웃쓰라이쁘다일렝 뿌웃써ㅎ끄루바이 뿌웃츠까에벙모짜ㅎ.

Out of the breed of bastard oxen, out of the breed of rejected women, out of the breed of pupils who had three tutors, out of the breed of abandoned dogs.

36 *뿔이 휘어있는 소, 사팔뜨기 남자, 꼬리 잘린 악어.

ក្របីស្នែងកែក មនុស្សស្រលៀងភ្នែក ក្រពើកំបុតកន្ទុយ

끄러바이쓰나엥까엑 머누ㅎ쓰럴리응프넥 끄러뻐으껌벗껀뚜우이.

Oxen with crooked horns, men with squinting eyes, crocodiles with amputated tails.

04

4장

권력, 부, 가난, 사회정의, 법, 부패
អំណាច ទ្រព្យសម្បត្តិ ភាពក្រីក្រ យុត្តិធម៌សង្គម
ច្បាប់ អំពើពុករលួយ
엄나앚 또로압썸밧 피읍끄라이끄러 욕데토아썽꿈 쯔밥 엄뻐으뽁롤루어이.
Power, Wealth, Poverty, Social Justice, Law, Corruption

권력	**អំណាច** 엄나앚	부	**ទ្រព្យសម្បត្តិ** 또로압썸밧
가난	**ភាពក្រីក្រ** 피읍끄라이끄러	사회정의	**យុត្តិធម៌សង្គម** 욕데토아썽꿈
법	**ច្បាប់** 쯔밥	부패	**អំពើពុករលួយ** 엄뻐으뽁롤루어이

01 착한 마음 – 가난한 사람.

ចិត្តល្អ ក្រខ្លួន

쩟러어 끄러클루언

Good heart- poor self.

02 소유는 소유물을 좋아하는 데서 근심을 불러오고, 빈곤은 끝없는 근심의 번뇌를 불러온다.

ទ្រព្យច្រើនព្រួយរក្សា ទ្រព្យតិចណាព្រួយរិះគិត

또로압쯔라은뿌루어이레악사 또로압뗏나뿌루어이리ㅎ꿋.

Possessions bring the worry of caring for them; poverty brings the torment of endless worrying.

03 약속을 저버리느니 돈더미를 잃는 것이 낫다.

ស្ងូបង់ប្រាក់មួយថង់ កុំឱ្យតែបង់ពាក្យសច្ច

써으벙쁘락모이텅 꼼아오이따에벙삐억싸짝.

Rather lose a pile of money than betray one's word.

04 큰 나무가 쓰러지면 큰 소음이 난다.

ឈើធំ រលំញខ្លាំង

처으톰 으롤룸르클랑.

The fall of a big tree makes a lot of noise.

05 호랑이가 웅크리고 있다고 네게 절한다고 말하지 마라.

ខ្លាក្រាប កុំឱ្យថាខ្លាសំពះ

클라끄랍 꼼아오이타클라썸뻬아ㅎ

The tiger crouches down; don't say he bows before you.

06 코끼리가 지나는 길에 쌀을 심지 마라.

កុំធ្វើស្រែលើផ្លូវដំរី

꼼트워쓰라에 르플러으덤라이.

Don't plant rice on the track of the elephants.

07 죽은 코끼리를 쌀 고르는 키로 덮으려고 하지 마라. [13] [14]

ដំរីស្លាប់ កុំយកចង្អេរទៅបាំង

덤라이쓸랍 꼼요옥쩡애떠으방.

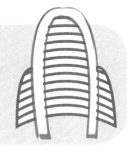

The elephant is dead; don't try to cover its body with a basket.

---

13 ចង្អេរ 쌀알을 까부르는 데 쓰는 크고 둥근 평평한 바구니

14 금지를 나타내는 말 '꼼' 대신 파네티에 박사는 'កន 코은' (당파, 집단, 무리)이라고 나타내었다. 그 경우, 두 번째 문장은 '바구니로 코끼리를 덮으려고 한다'가 된다. (책 뒤편 참조)

Instead of the prohibitive particle កុំ(kom), Pannetier (cf. end of volume) noted កន(korn = the clan, the group).
The second part of the sentence is then: The clan tries to cover its body with a basket.

08 물속에는 악어가, 땅 위에는 호랑이가, 숲 속에는 가시나무가,
그리고 시장에는 경찰이 있다.

ចុះទឹកក្រពើ ឡើងលើខ្លា ចូលព្រៃបន្លា ចូលផ្សារប៉ូលីស

쪼ㅎ뜩끄러뻐으 라응르클라 쫄쁘라이번라 쫄프싸뽈리ㅎ.

Down in the water is the crocodile; up on land is the tiger;
in the forest, the thron; and in the market the police.

09 사람은 점성술을 따라 위험을 판단하고,
재판관은 사건의 상황에 따라 판결을 내린다.

យើងកាត់គ្រោះតាមរាសី ចៅក្រមកាត់ក្តីតាមពាក្យបណ្តឹង

요응깟끄루어ㅎ 땀리어싸이 짜으끄럼깟끄다이 땀삐억번덩.

One considers the risk by consulting the zodiac:
the judge passes sentence according to the terms of the case.

10 피는 부르짖고, 살갗은 고발한다.

ឈាមស្រែក ស្បែកហៅ

치음쓰라엑 쓰바엑하으.

The blood yells, the skin claims.

11 호리병박은 가라앉고, 사금파리는 떠다닌다.

ឃ្លោកលិច អំបែងអណ្តែត

클로옥렛 엄바엥언다엣.

The calabash sinks; the shard floats.

12 *그는 당신의 암탉을 빼앗는 동시에 당신의 목을 부러뜨린다.

 មាន់ក៏យក កក៏កាច់
모안꺼요옥 꺼꺼까앗.

He takes your hen and at the same time breaks your neck.

13 무력이 법보다 강하다.

កម្លាំងខ្លាំង ជាងច្បាប់
껌랑클랑 찌엉쯔밥.

Force prevails over law.

14 돌에는 무게가 있고, 재판에는 가난이 있다.

ធ្ងន់នៅថ្ម ក្រនៅក្តី
틍운너으트머 끄러너으끄다이.

Heaviness lies in the stone, poverty in the trial.

---

*표는 젊은 세대가 거의 알지 못하는 오래된 격언

*This asterisk marks older sayings, which are hardly known by the younger generations.

15 착한 사람은 쓰러지고,
악당은 행운을 누리며 천수를 다한다.

ស្លូតស្លាប់ ជៀចជរមានភ័ព្ទ អាយុយឺនយូរ
쓸로옷쓸랍 위웃웨미은포압 아유이은유.

The gentle succumb; the spiteful enjoy good fortune and reach old age.

16 친척에게 호의를 베푸는 것은 법에서 멀어지는 길이다.

យល់ញាតិ ឆ្ងាតច្បាប់
욜녜얻 클리옷쯔밥.

To favor your relatives is to step away from the law.

17 진드기는 사슴과 함께 죽는다.

សត្តុកកែស្លាប់ដោយសារប្រើស
쌌떡까에쓸랍다오이싸쁘라으.

The tick perishes together with the deer.

18 가난할 때 친구를 알게 되고,
카데윽¹⁵ 이 되어야 좋은 피부를 알아본다.

ស្គាល់គ្នាក្នុងគ្រាក្រ សម្បុរល្អនៅខែកក្ដិក
쓰꼬알크니어크농끄리어끄러 썸벌러어너으카에까덕.

We recognize friends when poverty strikes; we recognize a good skin in the month of kadeuk

19 금을 가졌지만, 정작 금을 쌀 종이가 없을 정도로 가난하다.

បានមាស ក្រអ៊ីនឹងក្រដាសដង
반미어ㅎ 끄러어와이 능끄러다ㅎ쏏.

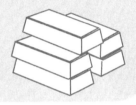

You have the gold, and are too poor for the paper to wrap it.

20 호랑이는 두려워하지 않으면서 호랑이 똥은 무서워한다.

ខ្លាមិនខ្លាច ខ្លាចងអាចម៍ខ្លា
클라믄클라앚 클라앚아에앚클라.

You don't fear the tiger, nevertheless you fear his droppings.

21 상사가 진급하면 부하직원들에게는 긍지가 생기지만,
상사가 몰락하면 부하직원들은 우물 안에 처박힌다.

ចៅហ្វាយបានបុណ្យ ខ្ញុំបានសក្ដិ ចៅហ្វាយអប្បុលក្មួណ៍ ខ្ញុំធ្លាក់រណ្ដៅ
짜으와이반번 컨반싹 짜으와이압발락 컨틀레악룬다으.

When the boss gets promoted, hi subordinates get dignity; when the boss falls, they are pushed down into the well.

---

15 캄보디아 음력 상으로 가장 시원하고 건조한 시기. (11월~12월)

Name of the coolest and driest month following the Khmer lunar calendar(November-December)

05

5장

일, 거래, 생계
ការងារ អាជីព ជីវភាពរស់នៅ
깡이어 아찝 찌워피읍루어ㅎ너으
Work, Trade, Livelihood

일	ការងារ
	깡이어
거래	អាជីព
	아찝
생계	ជីវភាពរស់នៅ
	찌워피읍루어ㅎ너으

01
*떨어진 곡물만 살펴 먹어도 충분하니,
밭을 경작할 필요가 없다.

ធ្វើស្រែមិនបាច់ភ្ជួរ រក្សាតែម្លូវ ស៊ីស្រូវមិនអស់

트워쓰라에 믄밭쁘쭈어 으레악사따에무어 씨쓰러으믄어ㅎ.

No need to plough the field;
you have enough to eat by taking care of the dropped grains.

02
속이는 것은 점쟁이의 기술이요,
훔치는 것은 장인(匠人)의 기술이다.

ភូតនៅហោរ ចោរនៅជាង

푸웃너으하오 짜오너으찌응.

To deceive is the soothsayer's skill; to steal is the skill of the craftsmen.

03
서툰 대장장이가 쇠를 탓한다.

ជាងមិនកើត ទៅបន្ទោសដែក

찌응믄까웃 떠으번또ㅎ다엑.

Clumsy blacksmith accuses the iron.

 04
*금 세공인은 금 간 접시로 먹고,
칼 장수는 손가락으로 찢어 먹는다.

ជាងទងស៊ុរកកំបែក ជាងដែកស៊ីហាកនឹងដៃ

찌응또응씨록껌바엑 찌응다엑씨하엑능다이.

The goldsmith eats from a broken plate; the cutler eats and tears with his fingers.

---

*표는 젊은 세대가 거의 알지 못하는 오래된 격언

*This asterisk marks older sayings, which are hardly known by the younger generations.

05 손가락이 바쁘면, 뱃속이 가득 찬다.

រពឹសរវែង ថ្ងៃផ្អែត

으로쁘ㅎ다이 프떠이츠아엣.

Active fingers, full stomach.

06 말은 빠르지만, 엉덩이를 움직일 능력은 없다.

របាំសតែពាក្យ ត្រគាកស្លាប់ស្ងក

으로하ㅎ따에삐억 뜨러끼억쓸랍쓰도윽.

Quick with words, but incapable of moving one's backside.

07 *수의사는 누구네 소가 기운이 없는지,
주술사는 누구네 아이가 죽을 것인지, 재판관은 누가 재판에서 잃게 될 지.

ពេទ្យគោលួន មេមត់ស្លាប់កូន សុភាចាញ់ក្ដី

쁟꼬올룬 메뭇쓸랍꼬은 쏘피어짜인끄다이.

Vet whose cow is passive; witch doctor whose child dies; judge who looses his trial.

08 장어한테 진흙을 찾으라고 시켜라.

ប្រើអន្ទង់ឲ្យចំហុងភក់

쁘라으언똥 아오이쩜헝푸윽.

Ask the eel to search the mud.

09 누워서 죽음을 기다리지 말고,
앉아서 재물을 기다리지 마라.

កុំដេកចាំស្លាប់ កុំអង្គុយចាំមាន

꼼덱짬쓸랍 꼼엉꾸이짬미은.

Don't lie down and wait for death. Don't sit down and wait for wealth.

10 갈고리가 가면 과일이 생긴다.

ទំពក់វាទៅ ទើបបញ្ចេវាមក

뚬뿌억위어떠으 뜹프너으위어먹.

The hook goes, then the fruit comes.

11 지렁이로 태어났으면 흙에 대한 혐오를 갖지 말고, 공무원이면 돈을
혐오 말 것이며, 조각가라면 목재에 대한 혐오를 갖지 마라.

កើតជាជន្លេនមិនខ្ពើមដី ធ្វើជាមន្ត្រីមិនខ្ពើមប្រាក់ ធ្វើជាជាងឆ្លាក់មិនខ្ពើមឈើ

까웃찌어쭌렌믄크뻐음다이 트워찌어몬뜨라이믄크뻐음쁘락

트워찌어찌응츨락믄크뻐음처으.

Since you were born a worm you have no repulsion against earth; as a civil servant,
against money; as a sculptor, against wood.

각주 5를 보시오 ☞ 16 See footnote 00,p.00

12 젊었을 때 일하고 나이 들어 쉬어라.

ចង់ស្រណុកឲ្យធ្វើយពីក្មេង

쩡쓰러녹 아오이느으이 삐크멩.

Work in youth, rest in age.

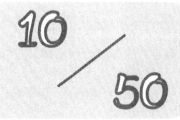

13 아이디어로 가득 차 있지만 그것들을 알아챌 능력이 없다.

មានគំនិត ឥតកំណើត

미은꿈늣 웃껌나웃.

Be full of ideas and unable to realize them.

14 소 한 마리도 밤까지 보살피고,
소 열 마리도 밤까지 보살펴라.

គោមួយក៏យប់ គោដប់ក៏យប់

꼬오모이꺼윱 꼬오덥꺼윱.

Care for one ox till the night; care for ten oxen till the night.

15 나무에 오른 사람은 열매 따기에 바쁜 법이다. 열매껍질을 벗긴 사람은
먹지 못하고, (밑에서) 아무 일도 하지 않고 있던 사람만 허기를 채운다.

អ្នកឡើងបានតែបេះ អ្នកប្រទ្បេះមិនបានស៊ី អ្នកនៅទំនេរបានស៊ីឆ្អែត

네악라옹반따에베ㅎ 네악쁘럴레ㅎ믄반씨 네악너으뚬네반씨츠아엣.

The one who climbs in the tree is busy with picking; the one who shells does not eat;

16 빗물을 모으려면 대나무 통을 잘라라.

កាប់បំពង់ រងចាំទឹកភ្លៀង

깝범뿌엉 으롱짬뜩플리응.

Cut a bamboo pipe in order to collect rainwater.

17 많은 사람들이 떡을 만들려고 하면 타게 되고,
개미떼처럼 많으면 떡은 설익는다. [17]

គ្នាច្រើនអន្សមខ្លោច គ្នាដួចស្រមោចអន្សមឆៅ

크니어쯔라은언썸클라오웃 크니어도웃쓰러마오웃언썸차으.

If many want to cook the rice cake, it will be overcooked;
as many as in an ant colony, it remains uncooked.

18 여윈 소는 부드럽게 다뤄라.

គោស្គម ថ្នមប្រើ

꼬오쓰꼬음 트넘쁘라으.

Your ox is skinny; use him in gentle way.

---

17 **អន្សម** 전통 축제에 쓰이는 떡으로, 찹쌀과 바나나 혹은 돼지고기와 콩을 바나나 잎으로 싸서 요리한다.

Name of a traditional festival cake made from sticky rice and banana or pork meat and soya bean, wrapped in a banana leaf in which it has been cooked

19 쌀은 물로 키우고, 전쟁은 쌀로 해라.

ធ្វើស្រែនឹងទឹក ធ្វើសឹកនឹងបាយ

트워쓰라에능뜩 트워썩능바이.

Grow rice with water, wage war with rice.

20 노 젓는 것을 돕지 않으려면
적어도 발로 물을 차서 배가 뒤로 가게 하지 마라.

បើមិនជួយចូកជួយថែរ កុំយកជើងរាទឹក

바으믄쭈우이쪼윽 쭈우이짜에으 꼼요윽 쩌응리어뜩.

If you don't help row the boat, at least don't force back the water with **your foot**.

21 까옥 까옥 : 물소 배가 차는 동안, 나무 종 주둥이만 닳는다.

កោកៗ សឹកតែមាត់ត្រដោក ផ្អែតពោះក្របី

까옥까옥 썩다에모알드러다옥 츠아엣뿌어ㅎ끄러바이.

Kaok kaok; alonen the mouth of the wooden bell is worn out, while the paunch of the buffalo fills up.

22 똑 똑, 한 방울 한 방울 대나무 통이 차고;
추웅 추웅, 한번에 쏟아진다.

តក់ៗ ពេញបំពង់ អុងៗ កំពប់អស់

떠ㄱ떠ㄱ 뻰범뿌엉 청청 껌뽑어ㅎ

Tork tork, drop by drop the tube of bamboo fills up; chhong chhong, it all streams out at once.

23 팜주스가 똑 똑 떨어지면서
대나무 통은 다음 날 아침까지 찬다.

តក់ៗ ដួចទឹកឆ្នោត ព្រឹកឡើងសោត ពេញបំពង់
떠ㄱ떠ㄱ 도욷뜩트나옷 쁘륵라응싸옷 뻰범뽕.

Tork tork as the plam juice does; the tub of bamboo fills until the next morning.

24 과일을 좋아하면, 나무 아래를 잘 보살펴라.

ស្រឡាញ់ផ្លែ ឲ្យថែគល់
쓰럴라인플라에 아오이타에꼴.

If you like fruit, take care of the foot of the tree.

25 항구에 도착하면 배가 뒤집힌다.

ដល់កំពង់ លង់ទូក
덜껌뽕 롱뚜우ㄱ.

You reach the harbor and your bark capsizes.

26 너무 많은 생각은 쓸모 없다.
너무 많이 누워있으면 병이 생기는 법이다.

គិតច្រើនរវាខាត ដេកច្រើនរាកើតព្យាធិ.

꾿쯔라은 위어카앗 덱쯔라은 위어까웃쁘찌어티.

Thinking too much is useless; lying down too much makes you sick.

27 행동하기 전에 생각하라.

គិតរួច សិមធ្វើ

꾿루엇 썸꾸.

Think before doing.

06

6장

사회관계, 사회규칙
ទំនាក់ទំនងសង្គម សណ្ដាប់ធ្នាប់សង្គម
뚬네악뚬노응썽꿈 썬답트노압썽꿈
Social Relationships, Social Order

사회관계	ទំនាក់ទំនងសង្គម
	뚬네악뚬노응썽꿈
사회규칙	សណ្ដាប់ធ្នាប់សង្គម
	썬답트노압썽꿈

01 *왕한테도 근심거리가 있고, 주지스님한테도 근심거리가 있고, 아름다운 여자한테도 근심거리가 있다.

មានទុក្ខមហាក្សត្រ មានទុក្ខចៅវត្ត មានទុក្ខស្រីរូបល្អ

미은똑모하그쌋 미은똑짜으왓 미은똑쓰라이룹러어.

There are the troubles of a king, there are the troubles of a bonze abbot, and there are the troubles of a beautiful woman.

02 화가 났다면, 스스로를 통제해라.
가난하다면 열심히 노력해라.

ខឹងខំអត់ ខ្សត់ខំរក

컹컴엇 크섯컴로윽.

If you are angry, control yourself; if you are poor, try hard.

03 *술은 긴장을 풀기 위해, 쌀은 일을 하기 위해서.

កបនឹងស្រា ការនឹងបាយ

껍능쓰라 까능바이.

Alkohol zum Entspannen; Reis zum Arbeiten.

04 물이 시원하면 고기들이 몰려든다.

ទឹកត្រជាក់ ត្រីកុំ

뜩뜨러쩨악 뜨라이꼼.

The water is cool, fish flock in.

---

*표는 젊은 세대가 거의 알지 못하는 오래된 격언

*This asterisk marks older sayings, which are hardly known by the younger generations.

05 뜨거울 때는 겉부터 먹고, 식으면 속부터 먹는다.

ក្តៅស៊ីរាក់ ត្រជាក់ស៊ីហ្ជៅ
끄다오 씨레악 뜨러쩨악 씨쯔러으.

When hot, eat from the surface; when cool, eat from the depth.

06 코끼리 두 마리 싸움에 개미가 죽는다.

ដំរីជល់គ្នា ងាប់ស្រមោច
덤라이쭐크니어 응오압쓰러마오웃

Two elephants do battle; ants die.

07 물이 흐를 수 있는 것은 배수관 때문이다.

មានប្រឡាយ ទើបទឹកហូរ
미은 쁘럴라이 뜹뜩호.

When the water can flow, it's because of the drain.

08 *물에 가라앉는 코끼리는 나뭇가지를 잡는다.

ដំរីផុង ព្រយុងដើមឈើ
덤라이펑 쁘로용다음처으.

A sinking elephant hangs on to the tree trunks.

---

*표는 젊은 세대가 거의 알지 못하는 오래된 격언

*This asterisk marks older sayings, which are hardly known by the younger generations.

09 썩은 나무 조각을 보고 냉큼 엉덩이를 깔고 앉지 마라.

ឃើញឈើពុក កុំអាលទម្លាក់គូទអង្គុយ

크은처으뻑 꼼알뚬레악꾸웃엉꾸우이.

When you see a piece of rotten wood, do not immediately put your bottom on.

10 *다람쥐가 무화과 열매를 먹으면
오리 모가지가 막히고 사슴 궁둥이를 다치게 한다.

កំប្រុកស៊ីផ្លែល្វា រមួលកទា ផ្សាក្ដិតឈ្លូស

껌쁘록씨플라엘르위어 으로무얼꺼띠어 프싸끄덧츨루ㅎ.

The fig was eaten by the squirrel, got stuck in the throat of the duck and harmed the bottom of the deer.

11 *물은 낮은 땅으로 흘러가고,
흰 개미집은 땅 위 높은 곳에 솟는다.

ដីទាបទឹកហូរ ដីខ្ពស់កណ្ដៀរពូន

다이띠읍뜩호 다이크뿌어ㅎ껀디어뿐.

Water flows down to deeper grounds; termitaries rise up on high groud.

12 물이 차면 물고기가 개미를 잡아먹지만,
물이 빠지면 개미가 물고기를 먹는다.

ទឹកឡើងត្រីស៊ីស្រមោច ទឹកហោចស្រមោចស៊ីត្រី

뜩 라응뜨라이씨쓰러마오읒 뜩하오읒쓰러마오읒씨뜨라이.

The water rises, fish eat the ants; the water recedes, the ants eat the fish.

13 낮은 자리의 사람은 자신을 끌어올리려 말고,
팔이 짧은 사람은 산을 안으려 팔을 벌리지 마라.

ខ្លួនទាបកុំគោង ដៃខ្លីកុំឈោង ស្រវាឱបភ្នំ

클루언띠읍꼼따옹 다이클라이꼼초옹 쓰러와아옵프놈.

You are small, so don't try to haul yourself up;
your arms are short, so don't try to embrace the mountain.

14 하늘을 앉을 자리로 만들지 마라.

កុំយកមេឃទ្រាប់អង្គុយ

꼼요욱메익또로압엉꾸우이.

Don't make sky your seat.

15 아무리 산이 높아도 산꼭대기의 풀은 산보다 더 높다.

ភ្នំធំខ្ពស់ តែទាបជាងស្មៅ

프놈톰크뿌어ㅎ 따에띠읍찌응쓰마으.

The mountain is high;
but the grass on its summit reaches higher still.

16 호랑이는 숲이 필요하고, 숲은 호랑이가 필요하다.

ខ្លាពឹងព្រៃ ព្រៃពឹងខ្លា

클라쁭쁘라이 쁘라이쁭클라.

The tiger needs the forest; the forest needs the tiger.

17 코끼리가 어떻게 똥을 싸는지 보아라.
그렇다고 코끼리처럼 똥을 싸려고 하지 마라.

យើញដំរីជុះ កុំជុះតាមដំរី

크은덤라이쭈ㅎ 꼼쭈ㅎ땀덤라이.

See how an elephant defecates but don't defecate like an elephant.

18 하나의 대나무에 있는 마디들도 각각 다르고,
가장 가까운 자매라도 마음이 서로 다르다.

ប្រស្រីមួយដើមគន់ឡេ្យងផ្អាំង បងប្អូនគ្រឡ្អាំងគន់ឡ្យេងចិត្ត

으르싸이모이다음꽁프쎙트낭 벙버온뜨럴랑꽁프쎙쩟.

The knots of one bamboo differ; even do the hearts of the closest siblings.

19 집에는 각각의 어머니가 있지만,
정글에는 오로지 하나의 어머니뿐이다.

នៅផ្ទះម្នាយទីទៃ ទៅព្រៃម្នាយតែមួយ

너으프뗴아ㅎ모다이띠떠이 떠으쁘라이모다이따에모이.

At home everyone has his own mother; in the jungle, we have only one mother.

20 까마귀 한 마리가 열 마리가 되고, 열 마리는 백 마리가 된다.

ក្អែកមួយជាក្អែកដប់ ក្អែកដប់ ជាក្អែកមួយរយ

끄아엑모이찌어끄아엑덥 끄아엑덥 찌어끄아엑모이러이.

One crow becomes ten; ten crows turn to one hundred.

21 맹수가 숨어 있는 숲 속에 들어갈 때는 모두에게 '내 주변에 모여 있으라.' 고 외치지만, 꿀을 발견할 때는 조용히 숨어서 혼자 배를 채운다.

ចូលព្រៃសត្វសាហាវ ព្រែកអំពារគ្នាមកជុំ ដល់បានស្ងរទឹកឃ្មុំ ពួនសំងំនឹងម្នាក់ឯង

쫄쁘라이쌋싸하오 쓰라엑엄삐우크니어목쭘 덜반쓰꺼뜩크뭄 뿌언썸응엄차이 모네악아엥.

Entering the forest with its wild animals, you shout for everybody to rally round you; but when finding honey, you hide and remain quiet and gorge yourself.

22 산에다 낚싯줄을 드리우지 마라.

កុំបោះសន្ទូចទំលងភ្នំ

꼼버ㅎ썬뚜웃룸롱프놈.

Don't throw the fishing line over the mountain.

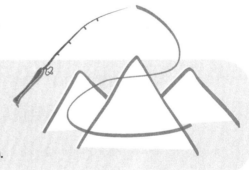

23 서있는 벼는 비어있고, 숙인 벼는 알차다.

ងើយស្ងួក ឱនដាក់គ្រាប់

응으이쓰꺽 아온닥끄로압

Raised rice stalk is empty; owed it is fruitful.

24 불은 쓰레기에서 시작된다. [18]

អ្គើងធេ:មកតែពីសំរាម
플릉체ㅎ모옥따에삐썸람.

A fire may start from refuse.

25 가족과 친구. 가족이 보살펴 주지 않으면
친구가 더 중요해진다.

ញាតិនិងមិត្ត បើញាតិមិនគិត មិនប្រសើរជាង
녜앗능멋 바으녜앗믄꿋 믄쁘러싸으찌응.

Parents and friends: when the family doesn't care about you,
friends become more important.

26 악어는 자갈을 삼키는 것을 멈추지 않고, 판사는 말을 많이 하는 것을,
[절의 엄격한 규율들을 어기지 않는 것은 거의 불가능하기 때문에]
승려는 벌 받는 것을 멈추지 못한다.

ក្រពើមិនលែងអកគ្រួស ចៅក្រមមិនលែងនិយាយហួស អ្នកបួសមិនមែនត្រូវអាបត្តិ
끄러뻐으믄렝어ㄱ끄루어ㅎ 짜으끄럼믄렝니예이후어ㅎ 네악부어ㅎ믄멘뜨러으아밧.

A crocodile can't avoid swallowing gravel; a magistrate, to speak too much;

a bonze, to be punished [because one can hardly avoid breaking the severe rules of the monastery]

---

18 A. 파네티에 박사의 해석은 다르다. 즉 '불을 내기 위해서는 짚이 필요하다.'

Dr. A Pannetier (cf. end of the volume) translates in a different way; you need straw in order to start a fire.

---

27 통 안의 물고기 한 마리가 썩으면,
다른 고기 모두 썩는다.

ត្រីមួយកន្ត្រក បើស្ងួយម្យួ ស្ងួយទាំងអស់

뜨라이모이껀뜨럭 바으써어이모이 써어이떼앙어ㅎ.

When in a basket, one fish is spoiled, all fish go bad.

28 왜 [경례하기 위해서] 손을 올리지 않는가?
그리고 왜 [예의 바른 말을 하기 위해서] 입을 열지 않는가?

ថោកអ្វីនឹងដៃ ថ្លៃអ្វីនឹងមាត់

타옥어와이능다이 틀라이어와이능모앗.

Why spare the hand [to salute] and retain the mouth [to say polite words]?

29 불쌍한 주걱이여, [부자들이] 우리 눈 아래서 먹는구나.
불쌍한 주걱이여, 그래도 눈치조차 채지 못하는구나.

អាង៉ក គេស៊ីក្រោមភ្នែក អាង៉ក មិនដឹងខ្លួន

아웩 께씨끄라옴프넥 아웩 믄덩클루언.

Poor ladle, they eat [the rich] under our eyes and, poor ladle, you don't even notice.

30 아이들과 놀면 우스워 보이고, 뱀과 놀면 물리게 되고,
노인과 놀면 문제가 생긴다.

លេងនឹងក្មេងអប្បយស លេងនឹងពស់រាខាំដៃ លេងនឹងចាស់រាចព្រែង

렝능그멩압유어ㅎ 렝능뿌어ㅎ위어캄다이 렝능짜ㅎ위어쩡라이.

Playing with children discredits you. Playing with snakes gets you bitten.
Playing with old men brings you troubles.

31 바구니에 담긴 접시들은 부딪치는 것을 피하지 못한다.

ចានមួយរវរ លែងអ្វីនឹងរណ្ដំគ្នា

짠모이리우 렝어와이능룬덤크니어.

Plates in a basket cannot avoid colliding.

32 누군가를 진정 좋아한다면 너무 자주 방문하지 마라.
생각날 때 가끔씩 방문하는 것이 낫다.

ស្រលាញ់កុំទៅញឹកៗ រញកសឹមទៅម្ដងៗ

쓰럴라인 꼼떠으녁녁 으롤륵 썸떠으머덩머덩.

When you really like somebody don't visit him too often;
you'd better visit him from time to time when you are thinking of him.

33 오래 떨어져 있으면 감정이 사그라진다.

ឃ្លាតឆ្ងាយ ណាយចិត្ត

클리웃층아이 나이쩟.

Longseparation reduces feelings.

34 옷차림을 검소하게 하면 주변 사람들이 얕잡아 볼 것이다.
뻔뻔스러워지면 주인 노릇을 하게 될 것이다.

ត្រគ្រ្របៗ អ្នកស្រុកមើលងាយ រលាស់គូទខ្លាយ មានឦតមានភាន់

뜨럭뜨럭 네악쓰럭멀응이어이 으롤로아ㅎ꾸웃크짜이 미은아웃미은포안.

Be humble in your outfit;
people around you will disdain you. Be shameless; you'll rule the roost.

35 자식을 결혼시킬 때 그 집안을 살펴라.

ទុកដាក់កូនទៅ ឱ្យមើលជៅឥសន្ឋាន

똑닥꼬은짜으 아오이멀파으썬단.

You marry your child; look at the family.

36 차라리 악어에게 먹히는 것이
작은 고기들에게 괴롭힘 당하는 것보다 낫다.

ស្ងួឱ្យក្រពើលេប កុំឱ្យចង្វាប្របិច

써으아오이끄러뻐을렙 꼼아오이쩡와쁘러벳.

Rather be swallowed by the crocodile than harassed by the small fish.

37 살아있는 동안에는 모든 것이 모이지만,
죽은 후에는 모든 것이 흩어진다.

ខ្លួនរស់របស់បាន ខ្លួនស្លាប់ទ្រព្យលាញ

클루언루어ㅎ로버ㅎ반 클루언쓸랍또로압 리에인..

In your lifetime everything is kept;
after your death, everything is squandered.

38 힘들 때는 가족을 생각하지만,
힘든 시기가 끝나면 가족에 대해 완전히 잊는다.

មានទុក្ខ នឹករកញាតិ ដល់ទុកឃ្លាត បាត់នឹកឈឹង

미은똑 늑록녜앗 덜똑클리웃 밧늑층.

In troubles you think of your family; when they are over, you totally forget your family.

39 족보는 혈통을 나타내고, 행동은 개인을 나타낸다.

ត្រកូលសជាតិ មារយាទសខ្លួន

뜨러꼬울써찌얻 미어예앗써클루언.

The family tree reveals the lineage; behavior reveals the individual.

40 강가를 따라 연못에 들어가라,
둑을 맞춰 배를 대어라, 그 나라 법에 따라 그 영토에 들어가라.

ចូលស្ទឹងតាមបត់ ចុះទូកតាមកំពង់ ចូលស្រុកតាមប្រទេស

쫄쓰뜽땀벋 쪼ㅎ뚝땀껌뽕 쫄쓰럭땀쁘러떼ㅎ.

Get into the lake following the river's meanders; come alongside according to the jetty;
enter the district according to the [laws of the] country.

41 까마귀에게 받아 뻐꾸기에게 넘긴다.

បានពីក្អែក ឱ្យថ្ងៃចែកតាវ៉ា

반삐끄아엑 아오이짜엑따와으.

You got it from the crow and passed it on to the cuckoo.

42 짖는 개는 물지 않는다;
우르르 소리 나는 천둥은 비를 내리지 않는다.

ផ្គុំព្រុសមិនដែលខាំ ផ្គរលាន់រអាំមិនដែលភ្លៀង
츠까에쁘루ㅎ믄다엘캄 프꼴로안로암믄다에플리응.

Barking dog doesn't bite; rumbling thunder doesn't bring rain.

43 서양호박은 호박에게 기어가고,
호박도 서양호박에게 기어간다.

ត្រឡាចវាររទៅ ល្ពៅវាររមក
뜨럴라앛위어떠으 러뻐으위어모윽.

The marrow crawls to the pumpkin and the pumpkin to the marrow as well.

44 물을 나눌 수 없는 것처럼 살에서 살을 떼어낼 수 없다.

កាត់ទឹកមិនដាច់ កាត់សាច់មិនបាន
깟뜩믄다앛 깟싸앛믄반.

Neither can you divide the water, nor can you cut off flesh from flesh.

45

미치광이와 식사하지 마라.
코끼리와 겨루려고 나뭇가지를 꺾지 마라.

កុំស៊ីបាយនឹងមនុស្សឆ្កួត កុំកាច់ឧសប្រក្លួតនឹងដំរី

꼼씨바이능머누ㅎ츠꾸얻 꼼까앚오ㅎ쁘러꾸얻능덤라이.

Don't share the table with a madman; breaking wood, don't compete with an elephant.

46

개미에게 설탕을 맡기지 마라.

កុំយកស្ករទៅផ្ញើ នឹងស្រមោច

꼼요윽쓰꺼떠으프냐오 능쓰러마오웆.

Don't entrust ants with sugar.

47

왕은 백성을 필요로 하고, 승려는 규율을 추구하며,
물고기는 물을 향해 나아간다.

ស្តេចពឹងរាស្ត្រ សង្ឃពឹងវិន័យ មច្ឆាជលស័យ ពិតពឹងទឹក

쓰닺쁭리어ㅎ 썽쁭위너이 맞차쭐라싸이 쁟쁭뜩.

A king needs the people; a monk seeks discipline; fish drive towards water.

48 뱀의 목을 꽉 잡고 있어라, 그렇지 않으면 고개를 돌려 너를 물 것이다.

កាន់ក៏ពស់កាន់ឲ្យខ្ជាប់ ក្រែងក្រឡាប់ខាំឯប្រាណ

깐꺼뿌어ㅎ깐아오이크쪼압 끄라엥끄럴랍캄아에쁘란.

Hold the snake's neck firmly;
otherwise it will turn back to bite you.

49 미움이 총을 쏘게 하지 말고, 사랑을 (남에게) 빌려주지 마라.

ស្អប់កុំឲ្យបាញ់ ស្រឡាញ់កុំឲ្យខ្ចី

쓰업꼼아오이바인 쓰럴라인꼼아오이크짜이.

When you hate, don't shoot; when you love, don't lend.

50 진실한 말은 대부분 독하다.

ពាក្យពិតតែងស្លែង

뻬억쁘렝쓸라엥.

True words are mostly harmful.

51 베틀 짜는 기계는 어느 쪽의 감정도 상하지 않게 하기 위해
양쪽에서 받아먹는다.

នាងគី ស្ពាគាង ស្ពុំរះសងខាង មិនឱ្យអន់ចិត្ត

니응따이 쓰마끼엉 씨레아ㅎ썽캉 믄아오이언쩟.

The fly-shuttle takes from both sides in order to hurt neither on either side.

52 갈까마귀한테 먹이를 주기 위해 뱀을 죽인다.

វាយពស់ឱ្យក្អែកស៊ី

위어이뿌어ㅎ아오이끄아엑씨.

Killing the snake in order to fed the raven.

07

7장

성 문제, 여성의 역할
ទំនាក់ទំនងរវាងបុរស និងស្ត្រី លក្ខខណ្ឌស្ត្រី
뚬네악뚬노응 로위응버러ㅎ 능싸뜨라이 레악칸싸뜨라이.
Gender Issues, Woman's Roles

성 문제	ទំនាក់ទំនងរវាងបុរស និងស្ត្រី 뚬네악뚬노응 로위응버러ㅎ 능싸뜨라이
여성의 역할	លក្ខខណ្ឌស្ត្រី 레악칸싸뜨라이.

01

땅이 따뜻할 때 벼를 심어라.
마음이 따뜻할 때 여자를 만나라.

ធ្វើស្រែទាន់ក្តៅដី ចង់ស្រីទាន់ក្តៅចិត្ត

트워쓰라이 또안끄다으다이 쩡쓰라이 또안끄다으쩟.

Plant rice when the earth is warm; get bound to a woman when the heart is warm.

02

야생 암탉이 집에서 기르는 닭을 내쫓는다.

មាន់ព្រៃ កម្ចាយមាន់ស្រុក

모안쁘라이 껌짜이모안쓰럭.

The wild hen chasing away the domestic hen.

03

음식이 많으면 먹을 게 많고
자식이 많은 사람은 아버지가 좋은 사람이다.

ចំណីច្រើនមុខច្រើនពិសារ កូនច្រើនបាច្រើនល្អ

쩜나이쯔라은 목쯔라은삐싸 꼬은쯔라은 바쯔라은러어.

Various foods are tasty, varied fatherhood generates beautiful children.

04

아버지가 죽는 것이 어머니가 죽는 것보다 낫고,
강 한가운데서 보트가 가라앉는 것이 집이 불타는 것보다 낫다.

ស្តីស្លាប់បាកុំឱ្យស្លាប់មេ ស្តីលិចទូកកណ្តាលទន្លេកុំឱ្យភ្លើងឆេះផ្ទះ

쑤쓸랍바 꼼아오이쓸랍메 쑬렛뚝껀달뚠레 꼼아오이플릉 체ㅎ프떼아ㅎ.

Rather die the father than the mother;

the boat will sink in the river provided that the house isn't on fire.

05 망고가 생기면 오렌지가 싫증나고, 더 큰 것이 생기면 작은 것에 싫증이 나고, 젊은 여자가 생기면 나이든 여자에게 싫증이 난다.

 បានស្វាយណាយក្រូច បានធំណាយតូច បានក្រមុំណាយចាស់

반쓰와이 나이끄로웆 반톰 나이또웆 반끄러몸 나이짜ㅎ.

You get a mango and get bored of the orange; you get something big and get bored of the small; you get a young woman and get bored of the old.

 06 여자와 다투지 마라. 정부 관리와는 거래하지 마라. 중국인을 상대로 논쟁하지 마라.

កុំឈ្លោះនឹងស្រី កុំជួញនឹងមន្ត្រី កុំក្ដីនឹងចិន

꼼츨루어ㅎ능쓰라이 꼼쭈언능몬뜨라이 꼼끄다이능쩐.

Don't argue with a woman, don't trade with a government official, don't begin a lawsuit with a Chinese.

07 이 속담은 두 가지 반대 되는 버전이 있다. : 여자 말을 듣지 마라, 혹은, 부인 말을 듣지 않으면, (같은 결론) 볍씨를 얻지 못할 것이다.

កុំ / មិនជឿពាក្យស្រី អស់ស្រូវពូជ

꼼/믄쯔어삐억쓰라이 어ㅎ쓰러으뿌웆.

There are two opposing versions for the saying. Don't listen to the woman, or.. versus; IF you don't listen to the advice of the wife…. With the same conclusion… you won't have rice seed much longer.

08 국은 맛이 없어도 되지만 뜨거워야 하고,
부인은 검어도 되지만 젊어야 한다.

សម្លមិនឆ្ងាញ់ ឱ្យតែក្ដៅ ប្រពន្ធខ្មៅ ឱ្យតែក្មេង

썸러믄층안 아오이따에끄다으 쁘러뿐크마오 아오이따에그멩.

The soup can be tasteless but has to be hot; a wife can be dark but has to be young.

09 애가 하나 있는 과부는 처녀 같고,
애가 셋 딸린 과부는 늙은 하녀 같다.

មេម៉ាយកូនមួយ ដូចព្រហ្មចារី មេម៉ាយកូនបី ដូចស្រីសៅកែ

메마이꼬은모이 도웆쁘름짜라이 메마이꼬은바이 도웆쓰라이싸으까에.

A widow with one child is like a virgin; a widow with three children is like an old maid.

10 사랑하면 헤어짐이 있고, 미워하면 만나게 된다.

ស្រឡាញ់ពេញប្រាស ស្អប់ជំប់លើ

쓰럴라인뻰쁘라ㅎ 쓰업쭘뿔르.

You are separated from the one you love. You run into the one you despise.

11 스승을 부끄러워하면 배우지 못할 것이고,
부인을 부끄러워하면 자식을 낳지 못한다.

ខ្មាសគ្រូគ្មានវិជ្ជា ខ្មាសភរិយាគ្មានកូន

크마ㅎ끄루 크미은위찌어 크마ㅎ피아리예아 크미은꼬은.

If you are shy with your mentor, you won't learn;
if you are shy with your wife, you won't procreate.

12 새싹은 땅을 들어 올리고,
여자는 남자를 들어 올린다.

សំណាបយោងដី ស្រីយោងប្រុស

썸납용다이 쓰라이용쁘러ㅎ.

A seedling raises the soil, a woman raises the man.

13 하늘을 믿지 마라. 별을 믿지 마라. 애인이 없다는 부인을 믿지 마라.
빚을 지지 않았다는 어머니 말을 믿지 마라.

កុំទុកចិត្តមេឃ កុំទុកចិត្តផ្កាយ កុំទុកចិត្តប្រពន្ធ ថាគ្មានសាហា
យ កុំទុកចិត្តម្ដាយ ថាគ្មានបំណុល

꼼똑쩟메익 꼼똑쩟프까이 꼼똑쩟쁘러뽄 타크미은싸하이 꼼똑쩟므다이 타크미은범널.

Don't trust the sky. Don't trust the stars. Don't trust your wife who claims to have no lover.
Don't trust your mother who claims to have no debts.

14 집에서 먼 곳에서 장사하지 말고 가까운 곳에서 일해라, 사랑하는 이를 보살필 수 있는 가까운 곳에서 일해라.

ជួញជិតជាជាងជួញឆ្ងាយ ជួញក្បែរៀងអាយរក្សាបូនស្រី

쭈언쯛찌어찌응 쭈언층아이 쭈언끄바에리웅아이 으레악싸버온쓰라이.

Trade near your home rather than far away;
trading in your surroundings allows you to look after your beloved one.

15 냄비를 부수느니 네 머리를 박는 것이 낫고,
턱이 비뚤어지는 것이 여자에게 비웃음을 사는 것보다 낫다.

សូរបេកក្បាល កុំឱ្យបេកឆ្នាំង សូរដាច់ចង្កាដាំង កុំឱ្យស្រីមើលងាយ

써으바엑그발 꼼아오이바엑츠낭 써으닻쩡까당 꼼아오이쓰라이멀응이어이.

Rather smash one's own head than the casserole dish;
rather get a crooked chin than incur the mockery of a woman.

16 찬밥도 밥이고, 과부도 여자다.

កកក៏បាយ មេម៉ាយក៏ស្រី

꺽꺼바이 메마이꺼쓰라이.

In rice being cold, is there less rice? On being a widow, is he less of a woman?

08

8장

다른 의견들과 조언들
ការសង្កេត និងដំប្បូន្មានផ្សេងទៀត
까썽껫 능덤보미은프쌩띠은.
Other Statements and Advice

조언	**ការសង្កេត** 까썽껫
~과	**និង** 능
다른 의견	**ដំប្បូន្មានផ្សេងទៀត** 덤보미은프쌩띠은

01 천둥소리를 들었다고,
잽싸게 갖고 있던 물을 버리지 마라.

ឮផ្គរ កុំអាលចាក់ទឹកចោល
르프꼬 꼼알짝뜩짜올.

When you hear the thunder, don't hurry to throw away the [old] water.

02 똥 똥– 마치 북처럼. (빈 통일수록 소리가 요란하다.)

ឌុងៗ ដូចស្គរ
똥똥 도읏쓰꼬.

Dong dong- like a drum. (Empty vessels make the greatest sound.)

03 올가미를 시험한다고 그 안에 네 목을 집어넣지 마라.

កុំយក ក ទៅលអន្ទាក់
꼼요옥 꺼 떠로언떼악

Don't test the noose by putting your neck in it.

04 수레크기에 맞게 짐을 실어라.

ផ្ទុករទេះ តាមចំណុះ
프똑로떼ㅎ 땀쩜노ㅎ.

Load your cart according to its capacity.

05 배고프다고 허겁지겁 먹지 마라.

ឃ្លាន កុំអាលស៊ី
클리은 꼼알씨.

When you are hungry, don't eat in a hurry.

06 *자라려고 하면 심을 필요가 없고,
호랑이가 잡아먹으려고 하면 숲에 갈 필요가 없다.

បើប្រុងដុះ បាច់អីដាំ បើខ្លាប្រុងឆាំ បាច់អីនឹងចូលព្រៃ
바으쁘롱도ㅎ 밪아이담 바으클라쁘롱캄 밪아이능쫄쁘레이.

If it is to grow, there is no need to plant; if the tiger is to devour you,
there is no need to go to the forest.

07 아는 것이 하려는 것을 이기지 못한다.

ចេះមិនឈ្នះចង់
쩨ㅎ믄츠네아ㅎ쩡.

Know-how doesn't achieve as much as willingness.

*표는 젊은 세대가 거의 알지 못하는 오래된 격언

*This asterisk marks older sayings, which are hardly known by the younger generations.

08 발걸음을 떼기 전에 셋을 세라.
말하기 전에는 넷을 세라.

ដើរឱ្យមានបី ស្រដីឱ្យមានបួន
다으아오이미은바이 쓰러다이아오이미은부언.

Before you step off, count three; before you speak, count four.

09 과일이 가득 열린 나무는 나뭇잎이 몇 장 없고,
물고기로 가득 찬 물을 진흙탕이다.

ឈើផ្លែច្រើនចាញ់សន្លឹក ត្រីច្រើនទឹកល្អក់ពុំជា
처으플라에쯔라은짠썬륵 뜨라이쯔라은뜩러억뿜찌어.

The tree laden with fruit bears few leaves; water swarming with fish is troubled and bad.

10 삼키려고 하면 목에 걸리고,
뱉어내려 하면 입에 독이 된다. [19]

នឹងហារវាស្មាក់ នឹងខ្លាក់វាស្តែង
능하위쓸락 능크찌악위어쏠라엥.

You want to swallow it; it chokes you; you want to spit it out; it tears your mouth.

---

19 ឆ្កែ 독성이 있는 식물 (→스트리키닌). 여기서는 동사로 쓰였다.

Poisonous plant(⊠strychnine) : the term is used here as a verb.

---

11 장어가 길다고 냄비도 길거라 판단하지 마라.

កុំអន្លង់ជង់ ឆ្នាំងជង់

꼼언뚱웽 츠낭웽.

Don't conclude; Long eel, therefore long pot.

12 가서 너의 두려움을 만나 보라.

ខ្លាចចូលឱ្យជិត

클라앛 쫄아오이쩟.

Go and meet what you fear.

13 파인애플처럼 눈을 가져라.

មានភ្នែកដូចម្នាស់

미은프넥 도읏모노아ㅎ.

To have eyes like the pineapple.

14 천천히 가라. 어차피 목적지에는 도착하기 마련이니.
서둘러 산에 오르는 것은 무의미하다.

សន្សឹមៗកុំបំបោល គង់បានដល់ដូចប្រាថ្នា

썬씀썬씀 꼼범바올 꽁반덜도읏 쁘라트나.

Go slowly, it is pointless to hurry your mount, you will still reach your goal.

15 깨끗한 물로는 손을 씻고,
탁한 물로는 발을 씻는다.

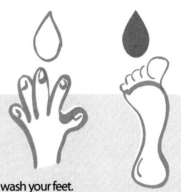

ទឹកថ្លាលាងសក់ ទឹកល្អក់លាងជើង

뜩 틀라리응 썩 뜩 르억리응 쩌응.

With clear water you wash your hair, with muddy water you wash your feet.

16 구라미[20] 는 입 때문에 죽고,
왜가리는 똥 때문에 죽는다.

កំភ្លាញស្លាប់ព្រោះមាត់ ខ្យែកស្លាប់ព្រោះអាចម៍

꼼플리은쌀랍 쁘루어ㅎ모앋 크와엑쌀랍 쁘루어ㅎ앚.

The gourami fish dies because of its mouth: the pond heron dies because of its dung.

17 말하는 것보다 침묵하는 것이 낫다.

ស្ងៀមជាងស្រដី

쌍이음찌응 쓰러다이.

Rather be quiet than talk.

---

20 구라미 : 물 표면으로 주기적으로 숨 쉬기 위해 올라와야 하는 물고기 종류.

A fish family needing to come regularly to the water surface in order to breathe air.

노를 잡았으니, 곶으로 향하라.

ចាប់ច្រវា សម្ដៅព្រោយ

짭쯔러와 썸렁쯔로이

When you seize the paddle, head for the cape.

 배는 지나가고, 항구는 남는다.

ទូកទៅ កំពង់នៅ

뚝떠으 껌뽕너으.

The bark passes, the harbor remains.

흔적을 남기지 말고 배를 밀어라.
흙탕물을 만들지 말고 고기를 잡아라.

អូសទូក កុំឱ្យណាន ចាប់ត្រីបាន កុំឱ្យល្អក់ទឹក

오ㅎ뚝 꼼아오이 르안 짭뜨라이반 꼼아오이 르억뜩.

Pull the boat without leaving tracks; catch fish without troubling the water.

배고플 때는 다 맛있고, 사랑할 때는 다 좋아 보인다.

ឃ្លានឆ្ងាញ់ ស្រឡាញ់ល្អ
클리은층안 쓰럴라인러어.

To the famished everything is tasty; to the lover nothing is ugly.

22 사람을 기를 때는 마음을 살피고,
동물을 기를 때는 송곳니를 살펴라.

ចិញ្ចឹមមនុស្សឱ្យមើលចិត្ត ចិញ្ចឹមសត្វឱ្យមើលចង្កូម
짼쩜머누ㅎ 아오이멀쩟 짼쩜쌋 아오이멀쩡꼬음.

Raising humans, watch their heart; raising animals, watch their fangs.

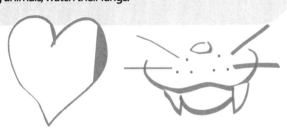

23 호랑이 새끼를 키우듯이 해라.

ដូចគេចិញ្ចឹមកូនខ្លា
도웃께 짼쩜꼬은 클라.

Do as you would if raising a young tiger.

편집후기

10년 전 캄보디아 씨엠립 빌브라이트대학에서 한국어를 가르칠 때, 한국인의 실수로 캄보디아와 한국인 간 갈등이 빚어진 적이 있었습니다. 제가 힘들어하자 한 학생이 일어서서 "선생님은 걱정하실 거 없어요. 우리는 모든 한국사람의 문제라고 생각하지 않아요. 캄보디아에는 미꾸라지 한 마리가 물을 흐리게 한다. 라는 속담이 있어요. 우리에게 그 사람은 그저 한국의 미꾸라지일 뿐이에요." 라고 위로했습니다. 물론 캄보디아어로 설명을 해서 아쉬웠지만 감동은 더 강하게 다가왔습니다. 그 말을 듣고 캄보디아에도 한국과 비슷한 속담이 많다는 것을 알게 되었고 캄보디아 속담에 관심을 갖게 되었습니다.

속담을 알고 나니 캄보디아라는 나라에 더 애정을 갖게 되었고, 그 사람들의 행동 하나하나가 이해가 되었습니다. 한국에서 캄보디아어를 배우고자 하는 사람들뿐만 아니라 캄보디아 다문화가정 가족들에게도 적극 권장하고 싶습니다. 언어도 공부하고 사랑도 피어나는 교재가 되길 바랍니다.

캄보디아 속담을 찾아내느라 고생한 찬소포안 선생님, 책을 예쁘게 디자인해준 장안대학교 디자인과 홍유경, 남지은, 박지현 학생들, 책이 진행되는 과정에서 조언을 아끼지 않은 최형준 선생님 모두 수고 많았습니다.

감사합니다.

캄보디아어 참고 사이트
http://asianhub.kr http://cafe.naver.com/cambodialab
http://blog.naver.com/asianhub http://blog.daum.net/koreancambodia

세 가지 언어로 쓴
캄보디아어 속담

សុភាសិតខ្មែរជា៣ភាសា
소피어썻크마에 찌어 바이 피어싸
Khmer Sayings in Three Languages

asianhub
(주)아시안허브